Bibliografische Information der Deutschen Nationalbibliothek:

Die Deutsche Bibliothek verzeichnet diese Publikation in der Deutschen National-bibliografie; detaillierte bibliografische Daten sind im Internet über http://dnb.d-nb.de/ abrufbar.

Impressum:

Copyright © 2018 GRIN Verlag
Druck und Bindung: Books on Demand GmbH, Norderstedt Germany
ISBN: 9783668727632

Dieses Buch bei GRIN:

https://www.grin.com/document/429064

Nico Jeske

Genetische Algorithmen. Technischer Darwinismus?

GRIN Verlag

Facharbeit
im Leistungskurs Informatik

„Genetische Algorithmen – technischer Darwinismus?“

Verfasser   Nico Jeske

Inhaltsverzeichnis

1 Einleitung

„Die Natur hat uns 3,7 Milliarden Jahre Forschungszeit voraus. "[98]

jedes Lebewesen unterliegt einer stetigen Veränderung. Sie passen sich von Generation zu Generation – scheinbar von alleine – immer besser an die Bedingungen ihrer Umgebung an. Grund dafür ist das Prinzip der Evolution, welches hauptsächlich von dem Biologen Charles Darwin geprägt wurde. [Dar06]

Das Grundlegende Prinzip der Evolution nach Charles Darwin besteht in der Abfolge von **Rekombination**, **Mutation** und **Selektion**, wobei stärkere und bessere Individuen eine höhere Chance aufs überleben haben. Die Evolution ist ein in der Natur sehr erfolgreicher, wenn auch langwieriger Prozess, welcher letztendlich auch zu der Entwicklung des modernen Menschen führte.

Die Optimierung von Prozessen ist einer der wichtigsten Aufgaben in der Modernen Industrie. Prozesse sollen schneller und sicherer ablaufen, denn nur so haben Firmen im Wettbewerb die besten Überlebenschancen.

Optimierung wird schon seit vielen Jahren als Wissenschaft vor allem im Bereich des **Operations Research** untersucht. Aber auch in der Mathematik wurden viele Verfahren vorgeschlagen und entwickelt. Ebenso wurden auch Neuronale Netze, die sich an dem Aufbau des Gehirns orientieren eine immer beliebtere Methode für Optimierungsprobleme.

Warum sollte man sich also nicht an dem Prinzip der Evolution bedienen? Wie das Zitat von Toby Simpson – einem Entwickler der Britischen Firma Cyberlife – bereits besagt, ist die Natur uns mit ihrer „Forschung" voraus. Es spricht also nichts dagegen dieses erfolgreiche Prinzip der Natur ebenfalls zur Optimierung technischer Systeme heranzuziehen. Und dies geschieht auch, und zwar in Form von genetischen Algorithmen.

Das Ziel dieser Facharbeit ist es dem Leser das Prinzip genetischer Algorithmen, sowie die Grundlagen des Darwinismus näher zubringen und somit schließlich die Frage zu beantworten, in welchem Maße genetische Algorithmen wirklich nach dem Darwinismus von Charles Darwin arbeiten und ob genetische Algorithmen wirklich in der Lage sind den natürlichen Prozess der Evolution detailgetreu zu simulieren und ob sie sogar als perfekte Kopie der Evolution angesehen werden können.

2 Die biologische Evolution nach Charles Darwin

Die biologische Evolution ist in der Lage, das Leben immer besser an seine Umwelt anzupassen und weiterzuentwickeln, wobei es aber immer noch flexibel genug ist, um auf Veränderungen dieser zu reagieren. Im Anbetracht der Tatsache, dass sich diese Strategie seit über 3,5 Milliarden Jahren bewährt hat, liegt es nahe, dass es sich bei der Evolution um einen sehr flexiblen Optimierungsprozess handeln muss. Um die Evolutionstheorie nach Charles Darwin zu verstehen, stelle ich diese im folgenden die wesentlichen Elemente der Evolutionstheorie vor.

Jedes Lebewesen, jedes Individuum gehört zu einer Gattung, einer Art von Lebewesen, welche sich nur in kleinen Details unterscheiden. Jedes dieser Lebewesen ist somit Träger und gleichzeitig Tester einer möglichen Ausprägung seiner Gattung. Erreicht das Individuum ein Fortpflanzungsfähiges Alter und erfüllt die für ihn notwendigen Randbedingungen (Sexualpartner, ...), werden seine speziellen Anpassungen an seine Nachkommen weitergegeben.

Bei dieser Weitergabe, können Fehler entstehen, sodass ein Individuum niemals einem anderen exakt gleicht. Dieses Verhalten wird insbesondere bei der zweigeschlechtlichen Fortpflanzung noch gravierender deutlich, da dort die Nachkommen durch die *Kreuzung* eine Mischung der Individuellen Ausprägungen seiner Eltern vererbt bekommt.

Über mehrere Generationen hinweg setzen sich somit Merkmale, die zu einer höheren Fortpflanzungswahrscheinlichkeit führen in der gesamten Gattung durch. (*Survival of the Fittest* [Dar06, S. 91 f.])

Gleichzeitig führen die Fehler bei der *Kreuzung* dazu, dass immer wieder neue Merkmale entstehen können, welche sich in der gesamten Gattung ausbreiten oder wieder verschwinden.

Zusammenfassend lässt sich der Evolutionsprozess nach Darwin wie folgt beschreiben: Ein Individuum wird durch seine Umwelt auf Tauglichkeit geprüft (*Selektion*) und erzeugt unter den notwendigen Bedingungen eine Anzahl an Nachkommen (*Rekombination, Kreuzung*), welche sich durch zufällige Veränderungen im Gencode anpassen (*Mutation*). Dabei wird dieser Prozess mit den Nachkommen immer weiter aufs neue durchlaufen. Da dieser Prozess innerhalb einer Generation mehrere tausend male gleichzeitig passiert, ergibt sich bei der Evolution eine sehr hohe Parallelität.

Im folgenden werde ich eine kurze Einführung in die oben genannten Begriffen und ihrer

Rollen im Evolutionsprozess geben.

2.1 Genotyp und Phänotyp

Jede Zelle eines Lebewesen, bis auf wenige Ausnahmen wie Bakterien, tragen in ihrem Zellkern (*Nukleus*) ihren kompletten Bauplan. Dieser Bauplan beziehungsweise das Erbgut wird im Chromosom, genauer in der der Desoxyribonukleinsäure (DNS) gespeichert. Er besteht aus verschiedenen Abschnitten, den Genen, welche die Merkmale (Augenfarbe, Haarfarbe, ...) eines Lebewesens bestimmen.

Die Gesamtheit dieser Genetischen Informationen wird hierbei als *Genotyp* bezeichnet. Anders ist hierbei der *Phänotyp*, welcher aus der Summe aller beobachtbarer Eigenschaften eines Lebewesens besteht.

2.2 Rekombination und Mutation

Bei der Zellteilung unterscheidet man zwei Arten des Kernteilungsprozesses: die *Mitose* und die *Meiose*.

Die Mitose ist hierbei eine erbgleiche Zell- und Kernteilung, welche bei der meist ungeschlechtlichen Fortpflanzung von Pflanzen oder niederen Tieren auftritt. Aufgrund meiner Konzentration auf die Evolution komplexer Lebewesen, werde ich diese also nicht weiter behandeln.

Bei der *Meiose* werden die Chromosomen nach ihrer Verdoppelung bei dem so genannten *crossing-over* an einzelnen Stellen aufgetrennt und zufällig neu rekombiniert.

2.2.1 Crossing-Over

Beim *crossing-over* brechen Chromosomen an einer Stelle auf und binden sich an das jeweilige gegenseitige Chromosomenstück wieder an. Durch diesen Prozess werden Stücke der Erbinformation zwischen Chromosomen ausgetauscht. Somit wird der Genpool der Eltern gemischt und die Varianz in der Gattung erhöht. In Abbildung 4 wird dieser Prozess weiter verdeutlicht.

2.2.2 Mutation

Die Rekombination des Erbgutes durch die Kreuzung ist ein gewollter Vorgang, um das vorhandene Genmaterial neu anzuordnen und Merkmale zu addieren. Anders bei der Mutation des Erbgutes. Diese ist rein zufällig und sorgt somit meist für einen Defekt des Genmaterials, wobei diese zufälligen Veränderungen aber auch in der Lage sind das Genmaterial zu verbessern und für eine Varianz zu sorgen, welche durch die reine Kreuzung nicht erreichbar wäre.

Dabei lässt sich der Prozess der Mutation in drei Arten unterteilen: Die **Chromosomenmutation**, die **Genommutationen** und die **Genmutation**.

Durch äußere Einwirkungen wie Strahlung oder UV-Licht können in dem Prozess der Chromosomenmutation Chromosomen verändert werden. So entstehen Brüche in den Chromosomen, die zu Verlusten der Endstücke (*Defizienz*), Ausbrechen von Zwischenstücken (*Deletion*), Inversionen von Teilen (*Inversion*), Verlängerungen des Chromosoms (*Insertion*), Verdopplung von Teilstücken (*Duplikation*), oder der Vertauschungen von Teilstücken (*Translokation*) führen können. Diese Art der Mutation hat dabei meist schwerwiegende nachteilige Auswirkungen auf das betroffene Lebewesen. Allerdings bietet diese Art der Mutation auch eventuelle positive Effekte. So sorgt beispielsweise die *Duplikation* für mehr Spielraum im Chromosom, wobei die eigentliche Information erhalten bleibt.

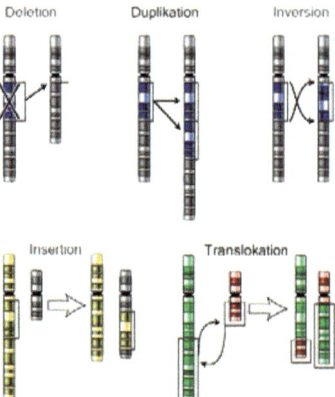

Abbildung 1: Schema der Chromosomenmutationen[1]

Während der *Meiose* können die Chromosomen fehlerhaft auf die Tochterzellen verteilt werden, so dass eine Zelle zu viele beziehungsweise zu wenige Chromosomen erhält. Diese Art der Mutation wird *Genommutation* genannt und sorgt meist für einen erheblichen

---

[1]https://commons.wikimedia.org/wiki/File:Chromosomenmutationen.png

Defekt des betroffenen Individuums.

Die *Genmutation* stellt eine direkte Veränderung der Basensequenzen der DNS dar. So werden durch äußere Einwirkungen von UV-Licht, Strahlen oder chemischen Substanzen einzelne Basen verändert, eingefügt, oder entfernt. Die Veränderungen einer einzelnen Base hat hierbei meist keine gravierenden Auswirkungen, da der Genetische Code hochgradig redundant ist. Anders ist es bei dem Einfügen oder Entfernen einzelner Basen, wodurch die komplette Gensequenz beeinflusst wird.

Bei der Mutation ist anzumerken, dass einzelne Gene nicht mit derselben Wahrscheinlichkeit mutieren. So gibt es stabilere und labilere Gene. Trotzdem liegt die Wahrscheinlichkeit der Mutation eines Genes (zumindest beim Menschen) zwischen $4 * 10^{-6}$ und $4 * 10^{-4}$ [Nac54].

2.2.3 Populationsgröße und Selektion

Die Selektion ist für die eigentliche Steuerung der Evolution verantwortlich. Durch die Bevorzugung oder die Benachteiligung einzelner Individuen bei der Fortpflanzung breiten sich dessen Merkmale mehr oder weniger in der Nachfolgegeneration aus, wodurch sich diese positiven Merkmale über die Zeit hinweg durchsetzen.

Die Selektion wird hierbei durch Störungen verschiedenster Art beeinflußt. So könnten möglicherweise durch zufällige Ereignisse, wie dem frühzeitigen Tod eines Individuums hilfreiche Gene aus dem Genpool verloren gehen. Auf der anderen Seite, ist aber auch die sich durchweg veränderne Umwelt eine der wichtigsten Einflussfaktoren auf die Selektion.

Dabei darf die Selektion nicht als Operator auf ein Individuum, sondern eher als Operator auf den gesamten Genpool einer Population angesehen werden. Die Population ist hierbei die Gesamtheit aller theoretisch miteinander rekombinierbaren Individuen, also die Gesamtheit aller lebenden Individuen einer Gattung.

Je größer die Population ist, desto breiter ist der Genpool innerhalb dieser Population gestreut. Durch diesen großen Genpool ist es der Population möglich sich besser an eine Änderung der Umwelt anzupassen. Weiterhin besteht in einer Population mit einem breitgestreutem Genpool ein großer *Mutationsdruck*. Durch die hohe Anzahl an Rekombinationsmöglichkeiten entstehen somit viele Variationen im Genpool, was zeitgleich auch für eine große Varianz in der gesamten Spezies sorgt,

Anders ist es bei kleinen Populationen. Dort kann sich eine zufällige Mutation innerhalb der Population viel schneller ausbreiten als in einer größeren Population. So ist bei einer kleinen Population der *Gendrift* weitaus größer. Unter *Gendrift* versteht man hierbei die auf Zufall beruhende signifikante Veränderung von *Allelfrequenzen* (Merkmalausbildungen der gesamten Population). Somit ist der *Selektionsdruck* in einer kleinen Population größer.

3 Genetische Algorithmen

Genetische Algorithmen ermöglichen es Lösungen selbst für komplexe Optimierungsprobleme zu finden, bei denen andere Verfahren scheitern. Dabei zeichnen sie sich vor allem durch ihre Variabilität aus, die es dem genetischen Algorithmus ermöglicht sie an viele Probleme anzupassen. Dies hat allerdings den Nachteil, dass es keinen allgemein gültigen „perfekten" Algorithmus gibt, wodurch sich im Laufe der Jahre viele verschiedene Varianten von Genetischen Algorithmen gebildet haben. Aus diesem Grund befasse ich mich in dieser Facharbeit mit dem von John Holland entwickelten Basis-Algorithmus [Hol92]

Genetische Algorithmen lassen sich als randomisierte Algorithmen[2] einstufen, die mithilfe einer Population von Individuen $P(t) = \{a_1(t), \ldots, a_n(t)\}$ (t: Generation) eine parallele Suche im Suchraum des Optimierungsproblems durchführt. Dabei repräsentiert jedes Individuum $a_i(t)$ eine mögliche Lösung des Optimierungsproblems, dessen Fitness mithilfe einer Zielfunktion bestimmt wird.

Für diese Suche verwendet der Genetische Algorithmus im Grunde die vier Elementaroperatoren: *Selektion, Rekombination, Mutation und Reproduktion* , um sich – wie in der Natur – von Generation zu Generation weiterzuentwickeln.

Durch die Selektion werden Individuen, in Abhängigkeit von ihrer Fitness für die Reproduktion ausgewählt. Dies sorgt dafür, dass gute Zustände konserviert werden und schlechte Zustände eliminiert werden. Hierdurch wird allerdings die *Diversität* der Population, also der Grad der Verschiedenheit der Individuen reduziert. Um diesem Diversitätsverlust entgegen zu wirken, wird die *Variation* verwendet, welche sich bei genetischen Algorithmen durch die *Rekombination* und *Mutation* ausprägt. Diese verändern die genetischen Informationen der Individuen und erschaffen somit neue, verschiedenartige Individuen.

Abbildung 1 zeigt das Schema eines Genetischen Algorithmus.

---

[2]Ein Algorithmus, der durch die Wahl von zufälligen Zwischenergebnissen zu einem näherungsweise korrekten Ergebnis gelangt. [Hro04, S. 51]

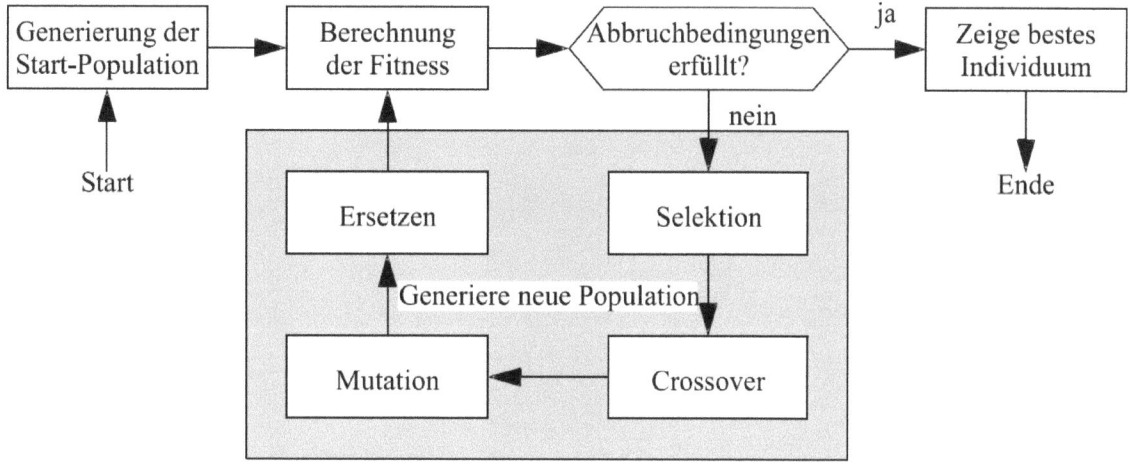

Abbildung 2: Ablaufplan eines Genetischen Algorithmus. [MB04, S. 153]

Die einzelnen Komponenten werden im Folgendem beschrieben.

3.1 Selektion

Die Selektion dient dazu, Individuen einer Population $P(t)$ auszuwählen, welche daraufhin im Paarungs Pool landen und dort neue Nachkömmlinge zeugen. Damit der Genetische Algorithmus sich von Generation zu Generation verbessern kann, werden fittere Individuen bevorzugt (*Survival of the fittest*). Ein bekanntes Selektionsverfahren stellt hierbei die *Roulette Wheel Selection* dar.

Bei diesem Verfahren, werden im ersten Schritt des Selektionsprozesses jedem Individuum ein Segment auf einem Roulette-Rad zugewiesen. Dabei ist die Größe des Segmentes proportional zur Fitness des Individuums. Im zweiten Schritt des Selektionsprozesses wird dieses Rad gedreht und somit ein Segment zufällig bestimmt. Das entsprechende Individuum wird dann schließlich in den Paarungs Pool kopiert. Das drehen am Roulette-Rad wird nun für die Erzeugung des Paarungs Pools insgesamt n-mal durchgeführt.

Je besser die Fitness eines Individuums und damit je größer das Segment auf dem Rad ist, desto höher ist die Wahrscheinlichkeit, dass mehr Nachkommen dieses Individuums sich in der neuen Population befinden. Durch den Zufallfaktor dieses Selektionsverfahrens ist es theoretisch wohl möglich, dass jedes mal das jeweils schlechteste Chromosom selektiert wird, jedoch ist die Wahrscheinlichkeit für diesen Fall extrem gering und somit eigentlich vernachlässigbar. [MB04, S. 153]

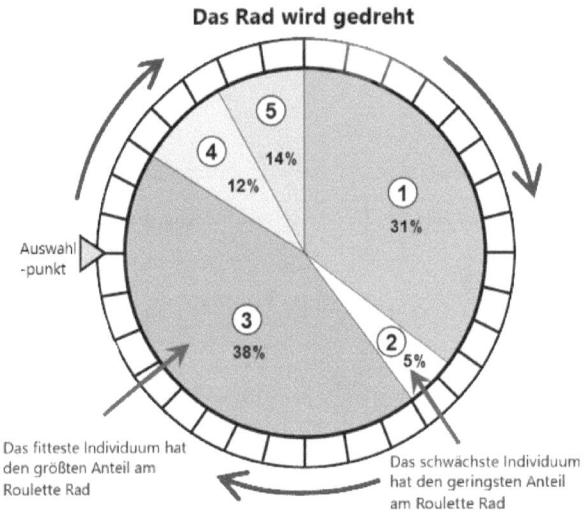

Abbildung 3: Graphische Darstellung der *Roulette wheel selection*. [Joh07]

3.2 Variation

Um aus den selektierten Elternindividuen aus dem Paarungspool Nachkommen zu erzeugen, werden Variationsoperatoren verwendet. Diese haben die Aufgabe, durch zufällige Mutationen und der Kreuzung verschiedener Individuen die Vielfalt der Population aufrecht zu erhalten, wodurch sie dem durch die Selektion erzeugten Diversitätsverlust entgegenwirken.

3.2.1 Kreuzung

Die Kreuzung ist der wichtigste Variationsoperator. Bei diesem Operator werden je zwei noch nicht gewählte Individuen aus dem Paarungspool ausgewählt und mit einer Wahrscheinlichkeit p_c miteinander gekreuzt. Dies wird solange durchgeführt, bis alle Individuen des Paarungspools eine Chance zur Kreuzung hatten.

Für diesen Prozess der Kreuzung, dem sogenannten *Crossover*, existieren mehrere Ansätze. Im Rahmen dieser Facharbeit beschreibe ich hierbei das bekannteste Verfahren, das sogenannte *One-Point-Crossover*.

Bei diesem Verfahren wird zunächst ein zufälliger Punkt $p \in \{1, \dots, l-1\}$ ausgewählt, wobei l der Länge des Chromosoms entspricht. Anschließend werden alle Gene ab dem $(p+1)$-ten Gen zwischen den ausgewählten Elternchromosomen ausgetauscht und somit zwei Nachkommen erzeugt. Ein Beispiel dieses *One-Point-Crossovers* ist in Abbildung 3 zu sehen.

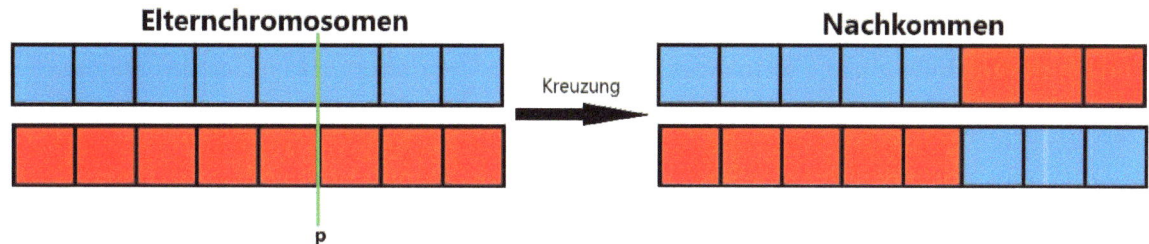

Abbildung 4: *One-Point-Crossover*

3.2.2 Mutation

Während die Kreuzung ein Variationsoperator ist, der große Veränderungen an Individuen vornimmt, so ist die Mutation eine Veränderung im Kleinen. Seine Aufgabe ist es, durch zufällige Veränderungen an den Nachkommen eine gewisse Inhomogenität und Divergenz in die nächste Generation einzubringen. Außerdem ist die Mutation in der Lage potentielle Lösungen zu finden, die durch Kreuzung alleine nicht hätten erzeugt werden können. [Dan]

Bei der Mutation wird jedes Gen eines Chromosoms mit einer so genannten *Mutationswahrscheinlichkeit* p_m (=*Mutationsrate*) negiert. Nach Mühlenbein [Hei92, S. 9] sei hierbei die optimale Mutationswahrscheinlichkeit, die von der Chromosomenlänge L abhängige Wahrscheinlichkeit $p_m = \frac{1}{L}$.

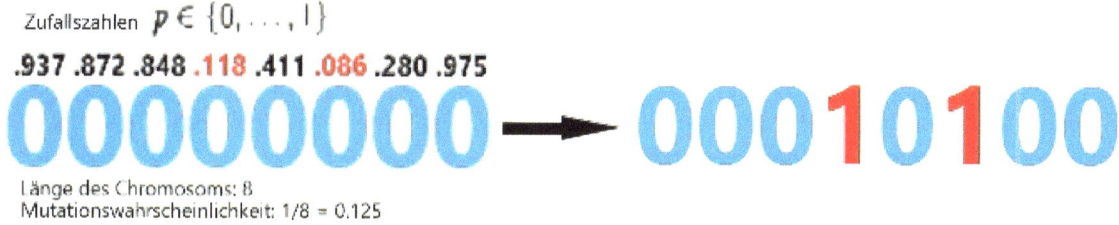

Abbildung 5: *Mutation*

4 Beispiel eines genetischen Algorithmus

Um die Funktionsweise eines genetischen Algorithmus besser darzustellen, werde ich diese nun anhand eines Beispieles in Java mit unter Verwendung der SuM-Bibliotheken[3] erläutern.

---

[3]http://www.mg-werl.de/sum/ (abgerufen 18.3.18)

Als Grundlage für dieses Beispiel dient mein Programm, welches die Ideen des Applets „Java-Genitor" von Ursula und Pascal Glauser umsetzt[4]. Es wird eine fraktale Landschaft, mithilfe eines Perlin-Noise Algorithmus[5] generiert. Das Ziel des genetischen Algorithmus ist es hierbei den höchsten Punkt dieser Landschaft in möglichst wenigen Generationen ausfindig zu machen. Dazu wird eine Population von zum Beispiel 100 Käfern(=*Individuen*) zufällig über die Landschaft verteilt. Der Ort, also die X-Koordinate auf der sich der Käfer befindet, ist hierbei sein Gencode, beziehungsweise sein Chromosom (Der Käfer ist unbeweglich), während die Höhe der Landschaft an seiner Position seiner Fitness entspricht.

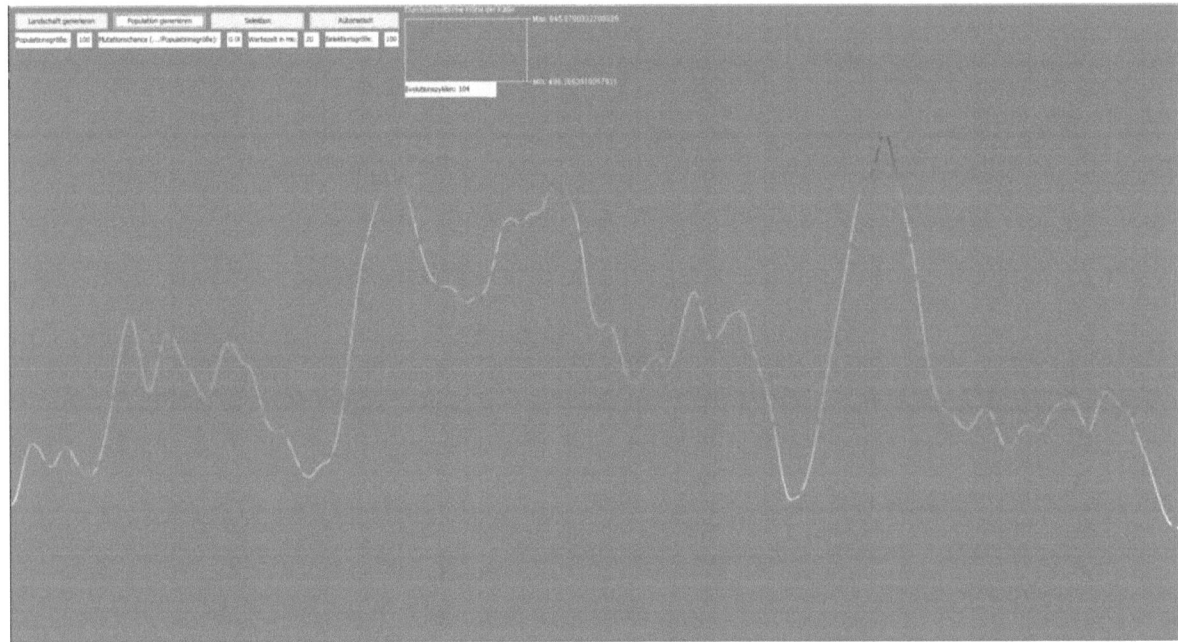

Abbildung 6: *Benutzeroberfläche des Programms. Die Linie stellt das Terrain dar und die Kreise die zufällig platzierten Käfer.*

Nun laufen die einzelnen Schritte des genetischen Algorithmus durch.

Mithilfe der im vorangegangenen Kapitel erläuterten *Roulette-wheel-selection* werden eine durch den Benutzer bestimmte Anzahl an Käfern ausgewählt, welche schließlich im Paarungspool landen.

Nun werden aus diesem Paarungspool solange zwei Individuen ausgewählt, die mit einer Wahrscheinlichkeit von 90% Nachkommen zeugen, bis alle Individuen eine Chance zur Fortpflanzung hatten. Das Kind dieser zwei Individuen wird hierbei an einer zufälligen

---

[4]http://www.glauserweb.ch/gentord.htm (abgerufen: 18.3.18)
[5]https://patents.google.com/patent/US6867776B2/en (abgerufen: 18.3.18)

X-Koordinate zwischen den X-Koordinaten seiner Eltern generiert. So würde ein Kind von $p1(x:20)$ und $p2(x:50)$ auf der X-Koordinate $20 < x < 50$ liegen.

Nun wird jedes Kind mit einer von dem Nutzer festgelegten Wahrscheinlichkeit (Standard: $\frac{1}{100}$) mutiert. Im falle einer Mutation wird hierbei das Kind an eine zufällige X-Koordinate geboren.

Nachdem die Kinder erzeugt, mutiert und zur Population hinzugefügt wurden, wird die Population wieder auf die Ursprungsgröße zurückgesetzt. Dies geschieht auch wieder mit der *Roulette-wheel-selection*, wobei hierbei schlechtere (also Käfer mit einer geringen Fitness/Höhe) einen größeren Anteil am Rad haben.

Diese Abfolge an Evolutionsschritten wird nun solange wiederholt, bis sich alle Käfer auf derselben selben Höhe befinden. An dieser Stelle befindet sich dann auch (hoffentlich) der höchste Punkt der Landschaft. Dabei kann aufgrund der Zufälligkeit genetischer Algorithmen allerdings nicht garantiert werden, dass auch wirklich der höchste Punkt der Landschaft gefunden wurde.

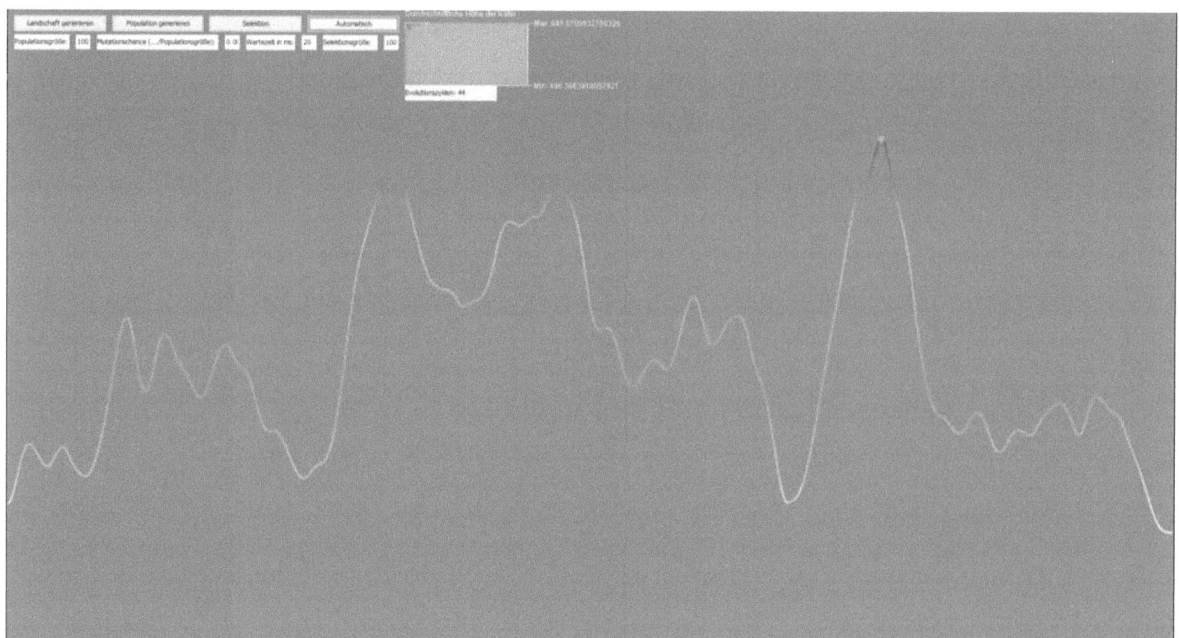

Abbildung 7: *Die Käfer sind bereits nach 44 Generationen zum höchsten Punkt des Terrains konvergiert.*

5 Genetische Algorithmen – technischer Darwinismus?

Nach der Betrachtung der Biologischen Evolution, sowie ihrem technischen Pendant, dem genetischen Algorithmus, werde ich nun versuchen die Frage zu beantworten, ob genetische

Algorithmen quasi als technischer Darwinismus angesehen werden können. Somit komm ich nun nach meiner Recherche beider Themengebiete zu dem Schluss, dass Genetische Algorithmen dem Vorbild der Natur wohl nahe kommen, sie aber nicht in der Lage sind diese perfekt abzubilden.

Dies fängt schon bei der Grundlagen der biologischen Evolution, wie der Population und deren Rahmenbedingungen an. In der Natur müssen sich Lebewesen an ihre Umwelt anpassen, um ihr Ziel, das Überleben und das erzeugen von Nachkommen zu erreichen. Um Nachkommen erzeugen zu können müssen dafür allerdings auch verschiedene Rahmenbedingungen, wie das erreichen eines Fortpflanzungsfähigen Alters, oder die Existenz eines Sexualpartners erfüllt sein. Somit ist die Fortpflanzung, das überleben der eigenen Spezies das hauptsächliche Ziel des Individuums.

Anders ist dies bei genetischen Algorithmen. Die Individuen haben keinen Drang ihre Spezies zu erhalten. Ihr Ziel ist es die größte Fitness zu erreichen um ein Optimierungsproblem zu lösen. Dabei sind ihnen auch etwaige Bedingungen der Natur, sowie verschiedene Rahmenbedingungen für die Fortpflanzung nicht geläufig. Die Auswahl der Individuen funktioniert hierbei meist mit einer Fitnessproportionalen Selektion (zum Beispiel *Roulette wheel selection*), bei der die Individuen abhängig von ihrer Fitness eine Chance zur Fortpflanzung bekommen. Die guten Individuen haben somit eigentlich immer die Möglichkeit sich fortpflanzen zu können, nicht wie bei der Biologischen Evolution, wo gute Gene aufgrund zum Beispiel eines fehlenden Sexualpartners nicht weitergegeben werden können.

Das gleiche gilt allerdings auch für andere Einflussfaktoren auf die Selektion, zum Beispiel durch zufällige Ereignisse, wie dem frühzeitigen Tod eines Individuums. So können Individuen in genetischen Algorithmen „unsterblich" gemacht werden, sodass solche zufälligen Faktoren keinen Einfluss auf die erfolgreiche Suche im Suchraum des genetischen Algorithmus nehmen können.

Des Weiteren ist auch ein Vergleich der Umsetzung von *Rekombination* und *Mutation* zwischen der biologischen Evolution und den genetischen Algorithmen ein interessantes Thema.

Und zwar arbeiten dort die biologische Evolution und die genetischen Algorithmen bei einer Sache nach dem gleichen Prinzip. Und zwar bei der Kreuzung, bei der die biologische Evolution und die genetischen Algorithmen sogar auf genau das gleiche Verfahren zurückgreifen, in diesem Fall kopiert der genetische Algorithmus also exakt die biologische Evolution. (*one-point-crossover*, *two-point-crossover*, *uniform-crossover* [MB04, S. 156])

Anders ist es nun aber bei der Mutation. Dieser ist bei genetischen Algorithmen ein sehr wohl gewollter Prozess, damit die Individuen sich nicht auf eine Lösung festsetzen, sondern die Möglichkeit haben den kompletten Suchraum zu betrachten. So wird in genetischen Algorithmen durch diesen Operator die Diversität der Population und somit der Lösung gewahrt. Anders sieht das allerdings bei der biologischen Evolution aus. Dort ist die Mutation ein keineswegs geplanter Prozess, sondern eher das Ergebnis ungewollter äußerer Einflüsse (*Strahlung*, *UV-Licht*,...), sowie das Ergebnis einer fehlerhaften Zellteilung. Diese Fehler im Gencode sorgen bei dem Individuen somit meist zu einem schwer beschädigten Gencode und somit zu schweren Folgen für das lebende Individuum.

Von den drei Arten der Mutation, welche bei der biologischen Evolution beschrieben werden, wird außerdem auch nur das Konzept der Genmutation, bei welcher einzelne Gene verändert werden, realisiert. Während dieser Prozess bei der biologischen Evolution aufgrund der hohen Redundanz des genetischen Codes meist keine gravierenden Folgen hat [Wat08, S. 212], können die Auswirkungen bei Individuen des genetischen Algorithmus aufgrund der fehlenden Redundanz des Gencodes gravierende Veränderungen im Suchraum bewirken.

Die beiden anderen Arten der Mutation fehlen beim genetischen Algorithmus allerdings komplett. Die Chromosomenmutation, bei der in den Chromosomen Brüche entstehen und der Gencode grundlegend verändert, beziehungsweise sogar vergrößert und verkleinert wird. Und die Genommutation, bei der während der Meiose die Chromosomen fehlerhaft auf die Tochterzelle verteilt werden, sodass eine Zelle zu viele beziehungsweise zu wenige Chromosomen erhält. Dies hat allerdings wohl auch den Grund, dass eine derartige Mutation des Gencodes in genetischen Algorithmen aus programmiertechnischer Sicht nur schwer umsetzbar ist.

6 Fazit

Aus dem vorangegangenem Kapitel wird klar, dass genetische Algorithmen keineswegs eine „quasi" Kopie der biologischen Evolution sind. Stattdessen abstrahieren genetische Algorithmen die Prozesse der Natur um sie möglicherweise auf Optimierungsprobleme anwenden zu können. Allerdings stellt sich hier dann die Frage, ob es überhaupt die Aufgabe von genetischen Algorithmen ist den biologischen Evolutionsprozess detailgetreu nachzubilden. Und genau dies ist in meinen Augen nicht der Fall. Mithilfe genetischer Algorithmen wird versucht ein Prinzip, welches in der Natur bereits sehr erfolgreich ist so zu abstrahieren, dass damit die Lösung von Problemen ermöglicht wird, welche mit normalen deterministischen Algorithmen gar nicht, beziehungsweise kaum lösbar gewesen wären. Genau dieser Erfolg ist der Grund für die Beliebtheit genetischer Algorithmen, sowie anderer auf der Natur basierenden Methoden (*Deeplearning, Neuronale Netze,* ...).Letzendlich sind genetische Algorithmen neben der Erfindung des Klettverschlusses oder der Erfindung des Flugzeugs nur ein weiteres Beispiel für Konzepte, welche die Menschheit erfolgreich von der Natur abgeschaut hat, um es für ihre Zwecke nutzen zu können.

7 Anhang

7.1 Literaturverzeichnis

[Dan]   Daniel Aslan. *Genetische Algorithmen, Ausarbeitung im Rahmen des Semi-nars „Evolutionäre Algorithmen".* URL: `https://web.archive.org/web/20170829084915if_/http://www2.cs.uni-paderborn.de/cs/ag-klbue/de/courses/ws04/ea/students/ga_report.pdf` (besucht am 27.02.2018).

[Dar06]   Charles Darwin. *On the origin of species by means of natural selection, or, The preservation of favoured races in the struggle for life.* Dover giant thrift ed. Mineola, NY: Dover Publications, 2006. ISBN: 978-0-486-45006-3.

[Ger96]   Gerd Weckenmann. *Lösung von Optimierungsproblemen mittels Genetischer Algorithmen und Evolutionsstrategien.* 1996. URL: `https://d-nb.info/1051812585/34` (besucht am 28.02.1018).

[Gol89]   David E. Goldberg. *Genetic algorithms in search, optimization, and machine learning.* Reading, Mass: Addison-Wesley Pub. Co, 1989. ISBN: 978-0-201-15767-3.

[Hei92]   Heinz Mühlenbein. *How Genetic Algorithms Really Work: Mutation and Hill-climbing.* Jan. 1992. URL: `http://www.muehlenbein.org/mut92.pdf` (besucht am 27.02.2018).

[Hei94]   Jochen Heistermann. *Genetische Algorithmen: Theorie und Praxis evolutio-närer Optimierung.* Teubner-Texte zur Informatik 9. Stuttgart: Teubner, 1994. ISBN: 978-3-8154-2057-7.

[Hol92]   John H. Holland. *Adaptation in natural and artificial systems: an introductory analysis with applications to biology, control, and artificial intelligence.* 1st MIT Press ed. Complex adaptive systems. Cambridge, Mass: MIT Press, 1992. ISBN: 978-0-262-08213-6 978-0-262-58111-0.

[Hro04]   Juraj Hromkovič. *Randomisierte Algorithmen: Methoden zum Entwurf von zufallsgesteuerten Systemen für Einsteiger.* 2004. ISBN: 978-3-322-80072-5 978-3-519-00470-7.

[IFR04]   Ingrid Gerdes, Frank Klawonn und Rudolf Kruse. *Evolutionäre Algorithmen Genetische Algorithmen – Strategien und Optimierungsverfahren – Beispielan-wendungen.* 1. Aufl. Wiesbaden: Vieweg+Teubner Verlag, 2004. ISBN: 978-3-322-86839-8.

[Joh07]   John Dalton. *Genetic Algorithms (GAs)*. Jan. 2007. URL: `http://www.edc.ncl.ac.uk/highlight/rhjanuary2007.php` (besucht am 27. 02. 2018).

[MB04]   Maik Buttelmann und Boris Lohmann. „Optimierung mit Genetischen Algorithmen und eine Anwendung zur Modellreduktion". In: *at - Automatisierungstechnik* 52.4 (Apr. 2004), S. 151–163. URL: `https://www.rt.mw.tum.de/fileadmin/w00bhf/www/publikationen/2004_Buttelmann_at.pdf` (besucht am 27. 02. 2018).

[Mit01]   Melanie Mitchell. *An introduction to genetic algorithms*. 7. print. Complex adaptive systems. Cambridge, Mass., 2001. ISBN: 978-0-262-63185-3 978-0-262-13316-6.

[Nac54]   Hans Nachtsheim. „Die Mutationsrate menschlicher Gene". In: *Die Naturwissenschaften* 41.17 (1954), S. 385–392. ISSN: 0028-1042, 1432-1904. URL: `http://link.springer.com/10.1007/BF00629577` (besucht am 14. 03. 2018).

[SWW13]   Volker Storch, Ulrich Welsch und Michael Wink. *Evolutionsbiologie*. 3. Aufl. Lehrbuch. Berlin: Springer Spektrum, 2013. ISBN: 978-3-642-32835-0 978-3-642-32836-7.

[Wat08]   James D. Watson, Hrsg. *Molecular biology of the gene*. 6th ed. San Francisco : Cold Spring Harbor, N.Y: Pearson/Benjamin Cummings ; Cold Spring Harbor Laboratory Press, 2008. ISBN: 978-0-8053-9592-1.

[98]   „Zehntausend stürzten ab". In: *Der Spiegel* 23 (Juni 1998), S. 192–195. URL: `http://www.spiegel.de/spiegel/print/d-7898339.html` (besucht am 27. 02. 2018).

7.2 Quellcode

SuMProgramm.java

```
1 public class SuMProgramm {
      public static void main(String args[]) {
3         Genitor genitor = new Genitor();
          genitor.fuehreAus();
5     }
  }
```

Genitor.java

```
  import sum.ereignis.Buntstift;
2 import sum.ereignis.EBAnwendung;
  import sum.ereignis.Muster;
4 import sum.komponenten.Etikett;
  import sum.komponenten.Knopf;
6 import sum.komponenten.Textfeld;

8 import java.awt.*;
  import java.util.*;
10 import java.util.List;
  import java.util.concurrent.ThreadLocalRandom;
12
  /** Stfit zum zeichnen */
14 enum EvolutionState {
      Crossover,
16    Selection,
      Death
18 }

20 /** Stfit zum zeichnen */
  class Genitor extends EBAnwendung {
22    /** Stfit zum zeichnen */
      private Buntstift stift = new Buntstift();
24    /** Liste der derzeitigen Population an Käfern */
      private ArrayList<Käfer> population = new ArrayList<>();
26    /** Liste der Hähenwerte des Terrains */
      private List<Double> terrain;
28    /** Startposition des Terrains */
      private int yOffset = hatBildschirm.hoehe() - 10;
30    /** Seed für die Terraingeneration (gleicher seed = gleiches terrain) */
      private double SEED = ThreadLocalRandom.current().nextDouble(0, 99999999);
32    /** Derzeitiger Evolutionsschritt für manuelle Evolutionsschritte */
      private EvolutionState evolutionState = EvolutionState.Selection;
34    /** Evolutionsschritt */
      private int step = 0;
36    /** Größe der Population */
      private int popSize = 100;
38    /** Liste der zu paarenden Käfer */
      private ArrayList<Käfer> pairingPool = new ArrayList<>();
40    /** Liste der Kinder */
      private ArrayList<Käfer> childs = new ArrayList<>();
42
      //Bedienelemente
44    private Knopf cmdGenerateTerrain;
      private Knopf cmdGeneratePopulation;
46    private Knopf cmdEvolutionStep;
      private Knopf cmdAuto;
48    private Graph heigthGraph;
      private Etikett etkSteps;
50    private Etikett etkPopulationSize;
      private Textfeld txtPopulationSize;
52    private Etikett etkMutateProbability;
      private Textfeld txtMutateProbability;
54    private Etikett etkWaitTime;
      private Textfeld txtWaitTime;
56    private Etikett etkSelectionSize;
      private Textfeld txtSelectionSize;
58
      /** Erstellt das Programm und generiert erstes Terrain, sowie Population */
60    Genitor() {
          //"Quasi" Vollbild
62        super(Toolkit.getDefaultToolkit().getScreenSize().width, Toolkit.
              getDefaultToolkit().getScreenSize().height, true);
```

```java
64      //Bedienelemente
        cmdGenerateTerrain = new Knopf(10, 10, 150, 25, "Landschaft generieren",
            "generateNewTerrain");
66      cmdGeneratePopulation = new Knopf(170, 10, 150, 25, "Population
            generieren", "populate");
        cmdEvolutionStep = new Knopf(330, 10, 150, 25, "Selektion", "
            evolutionStep");
68      cmdAuto = new Knopf(490, 10, 150, 25, "Automatisch", "auto");
        etkSteps = new Etikett(650, 120, 150, 25, "Evolutionszyklus: ");
70      etkPopulationSize = new Etikett(10, 40, 90, 25, "Populationsgröße:");
        txtPopulationSize = new Textfeld(110, 40, 25, 25, "100");
72      etkMutateProbability = new Etikett(145, 40, 200, 25, "Mutationschance
            (.../Populationsgröße):");
        txtMutateProbability = new Textfeld(355, 40, 25, 25, "1");
74      etkWaitTime = new Etikett(390, 40, 80, 25, "Wartezeit in ms:");
        txtWaitTime = new Textfeld(480, 40, 25, 25, "20");
76      etkSelectionSize = new Etikett(515,40,90,25,"Selektionsgröße:");
        txtSelectionSize = new Textfeld(615,40,25,25,"100");
78
        hatBildschirm.setzeFarbe(Color.LIGHT_GRAY);
80      stift.setzeFuellMuster(Muster.GEFUELLT);
        bildschirm().zeichneDich();
82
        heigthGraph = new Graph(650, 10, 200, 100, 10, stift, Color.GREEN, "
            Durchschnittliche Höhe der Käfer");
84
        //Generieren von Terrain und erster Population
86      generateTerrain();
        populate();
88      heigthGraph.drawGraph();

90      bildschirm().zeichneDich();
    }
92
    /** Lässt den Genetischen Algorithmus automatisch ablaufen */
94  private void auto() {
        int waitTime = 100;
96      if (txtWaitTime.inhaltIstGanzeZahl())
            waitTime = txtWaitTime.inhaltAlsGanzeZahl();
98
        //Solange nicht alle Käfer auf der selben (hoffentlich der höchsten) hö
            he sind,
100     //oder solange 1000 Wiederholungen nicht überschritten wurden (damit er
            sich nicht
        //aufhängt.
102     while (!allKäferOnSameHeigth() && step < 1000) {
            //Selektion
104         heigthGraph.addValue(avarageKäferHeigth());
            ArrayList<Käfer> selected = select();
106         markSelected(selected, Color.RED);
            bildschirm().zeichneDich();
108         this.warte(waitTime);

            //Kreuzung und Mutation
110         childs = crossover(selected);
112         childs = mutate(childs);
            population.addAll(childs);
114         drawPopulation();
            markSelected(childs, Color.WHITE);
116         heigthGraph.drawGraph();
            bildschirm().zeichneDich();
118         this.warte(waitTime);

            //Sterben
120         heigthGraph.drawGraph();
122         die();
            drawPopulation();
124         bildschirm().zeichneDich();
            step++;
126     }

        //Ergebnis gefunden, benötigte Evolutionszyklen anzeigen.
128     heigthGraph.drawGraph();
130     etkSteps.setzeInhalt("Evolutionszyklen: " + step);
```

```
        bildschirm().zeichneDich();
132  }

134  /** Lässt die Evolution einen Schritt voranschreiten */
     public void evolutionStep() {
136      //Solange die Käfer nicht auf einen Punkt konvergiert sind.
         //Nächsten Evolutionsschritt ausführen
138      if (!allKäferOnSameHeigth()) {
             switch (evolutionState) {
140              case Selection: {
                     pairingPool = select();
142                  markSelected(pairingPool, Color.RED);
                     heigthGraph.addValue(avarageKäferHeigth());
144                  bildschirm().zeichneDich();
                     cmdEvolutionStep.setzeInhalt("Rekombination/Mutation");
146                  evolutionState = EvolutionState.Crossover;
                     break;
148              }
                 case Crossover: {
150                  childs = crossover(pairingPool);
                     childs = mutate(childs);
152                  population.addAll(childs);
                     heigthGraph.addValue(avarageKäferHeigth());
154                  drawPopulation();
                     markSelected(childs, Color.WHITE);
156                  heigthGraph.addValue(avarageKäferHeigth());
                     bildschirm().zeichneDich();
158                  cmdEvolutionStep.setzeInhalt("Sterben");
                     evolutionState = EvolutionState.Death;
160                  break;
                 }
162              case Death: {
                     die();
164                  heigthGraph.addValue(avarageKäferHeigth());
                     drawPopulation();
166                  heigthGraph.addValue(avarageKäferHeigth());
                     bildschirm().zeichneDich();
168                  evolutionState = EvolutionState.Selection;
                     cmdEvolutionStep.setzeInhalt("Selektion");
170                  step++;
                     etkSteps.setzeInhalt("Evolutionszyklen: " + step);
172                  break;
                 }
174          }
         }
176      bildschirm().zeichneDich();
     }
178
     //
180  //    Evolutionsfunktionen
     //
182
     /** Generiert eine neue Population an zufälligen Positionen auf dem Terrain
        */
184  private void populate() {
         clearPopulation();
186      if (txtPopulationSize.inhaltIstGanzeZahl())
             popSize = txtPopulationSize.inhaltAlsGanzeZahl();
188      for (int i = 0; i < popSize; i++) {
             int xPos = ThreadLocalRandom.current().nextInt(0, bildschirm().
                breite());
190          population.add(new Käfer(xPos, terrain.get(xPos), 1));
         }
192      drawPopulation();
         //Graph an neue Population anpassen.
194      heigthGraph.clear();
         heigthGraph.setMax(Collections.max(terrain));
196      heigthGraph.setMin(avarageKäferHeigth());
         heigthGraph.drawGraph();
198      bildschirm().zeichneDich();
     }
200
     /**
202   * Selektiert Käfer nach dem Prinzip der Roulette-wheel selection
```

```
      * @return Selektierte Käfer
204   */
     private ArrayList<Käfer> select() {
206      double[] fitnesses = new double[population.size()];
         for (int i = 0; i < population.size(); i++) {
208          fitnesses[i] = population.get(i).fitness;
         }
210
         double sum = Arrays.stream(fitnesses).sum();
212
         ArrayList<Käfer> selected = new ArrayList<>();
214
         int selectionSize = 100;
216      if(txtSelectionSize.inhaltIstGanzeZahl() && txtSelectionSize.
             inhaltAlsGanzeZahl() % 2 == 0)
             selectionSize = txtSelectionSize.inhaltAlsGanzeZahl();
218
220      for (int i = 0; i < selectionSize; i++) {
             double r = ThreadLocalRandom.current().nextDouble(sum);
222          int index = 0;
             while(r>0) {
224              r = r-fitnesses[index];
                 index++;
226          }
             selected.add(population.get(index-1));
228      }
         return selected;
230  }

232  /**
      * Kreuzt die Käfer aus dem Paarungspool. Die X-Koordinate des Kindes liegt
          dabei zwischen beiden Eltern.
234   * @param pairingPool Der Paarungspool
      * @return Die Entstandenen Kinder
236   */
     private ArrayList<Käfer> crossover(ArrayList<Käfer> pairingPool) {
238      HashMap<Käfer, Boolean> hadChance = new HashMap<>();
         ArrayList<Käfer> childs = new ArrayList<>();
240      for (Käfer k : pairingPool) {
             hadChance.put(k, false);
242      }

244      while (!allHadChance(hadChance)) {
             Object[] values = hadChance.keySet().toArray();
246          Käfer k1;
             Käfer k2;
248          do {
                 k1 = (Käfer) values[ThreadLocalRandom.current().nextInt(values.
                     length)];
250          } while (hadChance.get(k1));
             do {
252              k2 = (Käfer) values[ThreadLocalRandom.current().nextInt(values.
                     length)];
             } while (hadChance.get(k2));
254
             if (ThreadLocalRandom.current().nextInt(100) < 90) {
256              int xPos;
                 if (k1.x > k2.x)
258                  xPos = ThreadLocalRandom.current().nextInt(k2.x, k1.x);
                 else if (k2.x > k1.x)
260                  xPos = ThreadLocalRandom.current().nextInt(k1.x, k2.x);
                 else
262                  xPos = k1.x;

264              Käfer child = new Käfer(xPos, terrain.get(xPos), k1.gen + 1);
                 childs.add(child);
266          }
             hadChance.put(k1, true);
268          hadChance.put(k2, true);
         }
270      return childs;
     }
272
     /**
274   * Mutiert die Kinder mit einer gewissen wahrscheinlichkeit, indem ihre x-
```

```
          Koordinate zufällig bestimmt wird.
       * @param childs Kinder
276    * @return Kinder mit zufälligen Mutationen
       */
278    private ArrayList<Käfer> mutate(ArrayList<Käfer> childs) {
           double probability = 1;
280        if (txtMutateProbability.inhaltIstZahl())
               probability = txtMutateProbability.inhaltAlsZahl();
282        for (Käfer k : childs) {
               if (ThreadLocalRandom.current().nextDouble(0, population.size()) <
                   probability) {
284                k.x = ThreadLocalRandom.current().nextInt(0,terrain.size());
                   k.fitness = terrain.get(k.x);
286            }
           }
288        return childs;
       }
290
       /**
292    * Lässt die schlechtesten Käfer der Population nach dem Roulette-Wheel-
           Verfahren sterben, bis die ursprüngliche
       * Populationsgröße erreicht wird.
294    */
       private void die() {
296
           double[] fitnesses = new double[population.size()];
298        for (int i = 0; i < population.size(); i++) {
               fitnesses[i] = population.get(i).fitness;
300        }

302        double highest = Arrays.stream(fitnesses).max().getAsDouble();

304        for (int i = 0; i < fitnesses.length; i++) {
               fitnesses[i] = -fitnesses[i]+highest+1;
306        }

308        double sum = Arrays.stream(fitnesses).sum();

310        List<Käfer> toDie = new ArrayList<>();

312        for (int i = population.size() - 1; i >= popSize; i--) {
               double r = ThreadLocalRandom.current().nextDouble(sum);
314            double t = r;
               int index = 0;
316            while(r>0) {
                   r = r-fitnesses[index];
318                index++;
               }
320            toDie.add(population.get(index-1));
           }
322
           population.removeAll(toDie);
324
326    }

328    //
       // Hilfsfunktionen
330    //

332    /** Generiert ein zufälliges Terrain durch Perlin-Noise und zeichnet dieses.
           */
       private void generateTerrain() {
334        SeededNumberGenerator sng = new SeededNumberGenerator(SEED);
           terrain = ParlinNoise.getTerrain(bildschirm().hoehe() / 2, 128, 3, 2,
               hatBildschirm.breite(), sng);
336        stift.bewegeBis(0, yOffset - terrain.get(0));
           stift.runter();
338        for (int i = 0; i < terrain.size(); i++) {
               //Farbdemonstration der Terrainhöhe.
340            javafx.scene.paint.Color fx = HeightMap.getColorForValue(terrain.get
                   (i), 10, hatBildschirm.hoehe() / 2 + 200);
               java.awt.Color awtColor = new java.awt.Color((float) fx.getRed(),
342                    (float) fx.getGreen(),
                       (float) fx.getBlue(),
344                    (float) fx.getOpacity());
```

```
346         stift.setzeFarbe(awtColor);
            stift.bewegeBis(i, yOffset - terrain.get(i));
348     }
        stift.hoch();
350 }

352 /** Generiert ein neues zufälliges Terrain */
    public void generateNewTerrain() {
354     //Erstellen eines neuen Seeds für die Generierung einer neuen Landschaft
        SEED = ThreadLocalRandom.current().nextDouble(0, 99999999);
356     clearPopulation();
        clearScreen();
358     generateTerrain();
        heigthGraph.setMax(Collections.max(terrain));
360     heigthGraph.setMin(avarageKäferHeight());
        bildschirm().zeichneDich();
362 }

364 /** Löscht die derzeitige Population */
    private void clearPopulation() {
366     population.clear();
        pairingPool.clear();
368     step = 0;
        bildschirm().loescheAlles();
370 }

372 /** Kontrolliert, ob alle Käfer der Population auf ca. der gleichen Höhe
        sind. */
    private boolean allKäferOnSameHeigth() {
374     double height = Math.floor(population.get(0).fitness);
        for (Käfer k : population) {
376         if(Math.floor(k.fitness) != height) {
                return false;
378         }
        }
380     return true;
    }
382
    /** Berechnet die Durchschnittliche Höhe der Käfer */
384 private double avarageKäferHeigth() {
        double sum = 0;
386     for (Käfer k : population) {
            sum += k.fitness;
388     }
        return sum / population.size();
390 }

392 /**
     * Kontrolliert für die Paarung, ob alle Käfer der Hashmap verwendet wurden.
394  * @param hadChance Zu kontrollierende Hashmap
     * @return Wurden alle Käfer verwendet?
396  */
    private boolean allHadChance(HashMap<Käfer, Boolean> hadChance) {
398     boolean ret = true;
        for (boolean b : hadChance.values()) {
400         if (!b)
                ret = false;
402     }
        return ret;
404 }

406 //
    //Zeichenfunktionen
408 //

410 /**
     * Markiert die übergebenen Käfer
412  * @param käfer Käfer
     * @param color Farbe der Markierung
414  */
    private void markSelected(ArrayList<Käfer> käfer, Color color) {
416     stift.hoch();
        stift.setzeFarbe(color);
418     for (Käfer k : käfer) {
            stift.bewegeBis(k.x, yOffset - k.fitness);
```

```
420        stift.runter();
           stift.dreheBis(-90);
422        stift.bewegeUm(k.fitness + 10);
           stift.hoch();
424     }
     }
426
     /** Zeichnet die Population */
428  private void drawPopulation() {
        stift.hoch();
430     clearScreen();
        generateTerrain();
432     stift.hoch();
        stift.setzeFarbe(Color.RED);
434     for (Käfer k : population) {
           stift.bewegeBis(k.x, yOffset - k.fitness);
436        javafx.scene.paint.Color fx = HeightMap.getColorForValue(k.gen, 0,
              10);
           java.awt.Color awtColor = new java.awt.Color((float) fx.getRed(),
438              (float) fx.getGreen(),
                 (float) fx.getBlue(),
440              (float) fx.getOpacity());
           stift.setzeFarbe(awtColor);
442        stift.zeichneKreis(5);
        }
444  }

     /** Löscht alles auf dem Bildschirm */
446  private void clearScreen() {
        stift.bewegeBis(0, 0);
448     stift.setzeFarbe(Color.DARK_GRAY);
        stift.zeichneRechteck(hatBildschirm.breite(), hatBildschirm.hoehe());
450  }
452 }
```

Graph.java

```
  import sum.ereignis.Buntstift;
2 import sum.ereignis.Muster;

4 import java.awt.*;

6 /** Eine Implementation für einen Graphen */
  public class Graph {
8    /** Stift zum zeichnen */
     private Buntstift stift;
10   /** Werte des Graphen */
     private double[] values;
12   /** Derzeitiger Index */
     private int index = 0;
14   /** X-Koordinate des Graphen */
     private int x;
16   /** Y-Koordinate des Graphen */
     private int y;
18   /** Höhe des Graphen */
     private int heigth;
20   /** Breite des Graphen */
     private int width;
22   /** Breite eines Balkens */
     private int steps;
24   /** Höchster anzuzeigender Wert des Graphen */
     private double max;
26   /** Kleinster anzuzeigender Wert des Graphen */
     private double min;
28   /** Farbe des Graphen */
     private Color color;
30   /** Boolean, ob der Graph einen Titel hat */
     private boolean hasTitle = false;
32   /** Titel des Graphen */
     private String title;
34
     /** Erstellt einen Graphen */
36   private Graph(int x, int y, int width, int heigth, int steps, Buntstift
        stift, Color color) {
        this.stift = stift;
```

```
38          this.x = x;
            this.y = y;
40          this.heigth = heigth;
            this.width = width;
42          this.steps = steps;
            this.color = color;
44          values = new double[width / steps];
        }
46
        /**
48       * Erstellt einen Graphen
         * @param x X-Koordinate
50       * @param y Y-Koordinate
         * @param width Breite
52       * @param heigth Höhe
         * @param steps Breite eines Balken (Die Breite muss dadurch teilbar sein!)
54       * @param stift Stift
         * @param color Farbe des Graphs
56       * @param title Titel des Graphen
         */
58      Graph(int x, int y, int width, int heigth, int steps, Buntstift stift, Color
            color, String title) {
            this(x, y, width, heigth, steps, stift, color);
60          hasTitle = true;
            this.title = title;
62      }

64      /**
         * Fügt dem Graphen einen neuen Wert hinzu und zeichnet den Graph neu.
66       * @param value einzutragender Wert.
         */
68      public void addValue(double value) {
            double mappedValue = map(value, min, max, 0, heigth);
70          values[index] = mappedValue;
            if (index + 1 >= values.length) {
72              for (int i = 0; i < values.length - 1; i++) {
                    values[i] = values[i + 1];
74              }
            } else {
76              index++;
            }
78          drawGraph();
        }
80
        /** Zeichnet den Graphen */
82      public void drawGraph() {
            stift.setzeFarbe(Color.WHITE);
84
            int drawYBase = y + heigth;
86          if (hasTitle) {
                stift.bewegeBis(x, y);
88              stift.schreibeText(title);
                drawYBase = y + heigth + 10;
90          }

92          stift.setzeFuellMuster(Muster.DURCHSICHTIG);
            stift.bewegeBis(x, drawYBase - heigth);
94          stift.zeichneRechteck(width, heigth);
            stift.setzeFuellMuster(Muster.GEFUELLT);
96
            stift.hoch();
98          stift.setzeFarbe(color);

100         stift.bewegeBis(x, drawYBase);
            for (int i = 0; i < values.length; i++) {
102             stift.bewegeBis(x + steps * i, drawYBase - values[i]);
                stift.zeichneRechteck(steps, values[i]);
104         }
            stift.setzeFarbe(Color.WHITE);
106         stift.bewegeBis(x + width, drawYBase - heigth);
            stift.zeichneRechteck(8, 1);
108         stift.bewegeBis(x + width + 10, drawYBase - heigth + 5);
            stift.schreibeText("Max: " + max);
110
            stift.bewegeBis(x + width, drawYBase - heigth + heigth);
112         stift.zeichneRechteck(8, 1);
```

```
                   stift.bewegeBis(x + width + 10, drawYBase - heigth + heigth + 5);
114                stift.schreibeText("Min: " + min);
           }
116
           /**
118         * Re-mappt eine Zahl von einem Zahlenbereich in einen anderen
            * @param x Wert, der konvertiert werden soll
120         * @param in_min untere Begrenzung des derzeitigen Zahlenbereichs des Wertes
                 .
            * @param in_max obere Begrenzung des derzeitigen Zahlenbereichs des Wertes.
122         * @param out_min untere Begrenzung des neuen Zahlenbereichs des Wertes.
            * @param out_max obere Begrenzung des neuen Zahlenbereichs des Wertes.
124         * @return Geremappter Wert
            */
126        static double map(double x, double in_min, double in_max, double out_min,
               double out_max) {
               return (x - in_min) * ((out_max - out_min) / (in_max - in_min)) +
                   out_min;
128        }

130        /**
            * Setter für die obere Grenze des Wertes für den Graph
132         * @param max obere Grenze
            */
134        public void setMax(double max) {
               this.max = max;
136        }

138        /**
            * Setter für die untere Grenze des Wertes für den Graph
140         * @param min untere Grenze
            */
142        public void setMin(double min) {
               this.min = min;
144        }

146        /** Löscht die Werte des Graphen */
           public void clear() {
148            for (int i = 0; i < values.length; i++) {
                   values[i] = 0;
150            }
           }
152 }
```

HeightMap.java

```
   import javafx.scene.paint.Color;
2
   /** Implementation einer Heatmap */
4  public class HeightMap {
       /**
6         * Mapt einem Wert eine, zu dem Zahlenbereich des Wertes relative, Farbe zu.
           * @param value Wert
8         * @param min Untere Grenze des Zahlenbereichs des Wertes.
           * @param max Obere Grenze des Zahlenbereichs des Wertes.
10        * @return Farbe für den Wert.
           */
12       public static Color getColorForValue(double value, int min, int max) {
               double hue = Color.WHITE.getHue() + (Color.LIGHTBLUE.getHue() - Color.
                   WHITE.getHue()) * (value - min) / (max - min);
14             return Color.hsb(hue, 1.0, 1.0);
       }
16
   }
```

Kaefer.java

```
1  /**
    * Darstellung eines Käfers
3   */
   public class Käfer {
5      /** X-Koordinate oder auch das Chromosom des Käfers */
       int x;
7      /** "Fitness" des Käfers, bzw. die Höhe */
       double fitness;
9      /** Generation des Käfers */
```

```
11      int gen;

        /**
13       * Erstellt einen neuen Käfer
         * @param x X-Koordinate
15       * @param fitness Fitness
         * @param gen Generation
17       */
        Käfer(int x, double fitness, int gen) {
19          this.x = x;
            this.fitness = fitness;
21          this.gen = gen;
        }
23 }
```

Kaefercomparator.java

```
1 import java.util.Comparator;

3 /**
   * Ermöglicht die Sortierung von Käfern aufgrund ihrer Fitness
5 */
  class Käfercomparator implements Comparator<Käfer> {
7     /** Aufsteigende oder absteigende Sortierung */
      private boolean ascending;
9
      /**
11     * Erstellt einen neuen Käfercomparator
       * @param ascending Aufsteigende sortierung?
13     */
      Käfercomparator(boolean ascending) {
15        this.ascending = ascending;
      }
17
      /**
19     * Comparet Käfer anhand ihrer Fitness
       * @param o1 erster Käfer
21     * @param o2 zweiter Käfer
       * @return -1: o1 < o2; 0: o1 == o2; 1: o1 > o2
23     */
      @Override
25    public int compare(Käfer o1, Käfer o2) {
          if (!ascending)
27            return Double.compare(o2.fitness, o1.fitness);
          else
29            return Double.compare(o1.fitness, o2.fitness);
      }
31 }
```

ParlinNoise.java

```
1 import java.util.ArrayList;
  import java.util.List;
3 import java.util.Stack;

5 /**
   * Implementation des ParlinNoise Algorithmus für ein zufällig generiertes
       Terrain
7 */
  public class ParlinNoise {
9     /**
       * Interpolation zweier Datenpunkte mit einer Cosinus-Interpolation
11     *
       * @param pa Punkt A
13     * @param pb Punkt B
       * @param px Double zwischen 0 und 1, wo zwischen A und B interpoliert
           werden soll.
15     * @return Interpolierter Punkt für pa und pb
       */
17    private static double interpolate(double pa, double pb, double px) {
          double ft = px * Math.PI;
19        double f = (1 - Math.cos(ft)) * 0.5;
          return pa * (1 - f) + pb * f;
21    }

23    /**
```

```
      * Erstellt ein terrain
25    * @param amp Maximale Höhe
      * @param wl Wellenlänge
27    * @param width Breite
      * @param rng Geseedeter Zufallsgenerator
29    * @return Terrain als List mit Doubles
      */
31    private static List<Double> perlin(double amp, double wl, int width,
          SeededNumberGenerator rng) {
          int x = 0;
33        double a = rng.random();
          double b = rng.random();
35        Stack<Double> pos = new Stack<>();
          while (x < width) {
37            if (x % wl == 0) {
                  a = b;
39                b = rng.random();
                  pos.push(a * amp);
41            } else {
                  pos.push(interpolate(a, b, (x % wl) / wl) * amp);
43            }
              x++;
45        }
          return pos;
47    }

49    /**
      * Generiert mehrere Terrains mit immer kleineren Amplitude und Wellenlänge
51    * @param amp Höhe
      * @param wl Wellenlänge
53    * @param octaves Wiederholungen der Generierung fürs Rauschen
      * @param divisor Teiler
55    * @param width Breite
      * @param rng Geseedeter Zufallsgenerator
57    * @return Liste mit Generierten Terrains
      */
59    private static List<List<Double>> generateNoise(double amp, double wl, int
          octaves, int divisor, int width, SeededNumberGenerator rng) {
          List<List<Double>> result = new ArrayList<>();
61        for (int i = 0; i < octaves; i++) {
              result.add(perlin(amp, wl, width, rng));
63            amp /= divisor;
              wl /= divisor;
65        }
          return result;
67    }

69    /**
      * Kombiniert generierte Terrains zu einem Terrain
71    * @param noises generierte Terrains
      * @return Kombiniertes Terrain
73    */
      private static List<Double> combineNoise(List<List<Double>> noises) {
75        List<Double> result = new ArrayList<>();
          double total;
77        for (int i = 0; i < noises.get(0).size(); i++) {
              total = 0;
79            for (List<Double> noise : noises) {
                  total += noise.get(i);
81            }
              result.add(i, total);
83        }
          return result;
85    }

87    /**
      * Erschaft ein Terrain
89    * @param amp Amplitude/Maximale Höhe
      * @param wl Wellenlänge
91    * @param octaves Oktave/Hügeligkeit
      * @param divisor Teilen
93    * @param width Breite
      * @param rng Geseedeter Zufallsgenerator
95    * @return Terrain
      */
97    public static List<Double> getTerrain(double amp, double wl, int octaves,
```

```
      int divisor, int width, SeededNumberGenerator rng) {
      return (combineNoise(generateNoise(amp, wl, octaves, divisor, width, rng
          )));
99   }
}
```

SeededNumberGenerator.java

```
/**
 * Ein Zufallsgenerator mit einem Seed. Somit gilt: für den gleichen Seed das
     gleiche Ergebnis.
 */
public class SeededNumberGenerator {
    double M = 4294967296D;
    double A = 1664525D;
    double C = 1D;
    double seed;

    /**
     * Erstellt einen neuen Geseedeten Zufallsgenerator
     * @param seed Seed
     */
    SeededNumberGenerator(double seed) {
        this.seed = (long) Math.floor(seed * M);
    }

    /**
     * Gibt ein
     * @return eine mit dem Seed berechnete Zufallszahl
     */
    public double random() {
        seed = (A * seed + C) % M;
        return seed / M;
    }
}
```